„BÜCHER SIND WIE FALLSCHIRME. SIE NÜTZEN UNS NICHTS, WENN WIR SIE NICHT ÖFFNEN."

Gröls Verlag

Redaktionelle Hinweise und Impressum

Das vorliegende Werk wurde zugunsten der Authentizität sehr zurückhaltend bearbeitet. So wurden etwa ursprüngliche Rechtschreibfehler *nicht* systematisch behoben, denn kleine Unvollkommenheiten machen das Buch – wie im Übrigen den Menschen – erst authentisch. Mitunter wurden jedoch zum Beispiel Absätze behutsam neu getrennt, um den Lesefluss zu erleichtern.

Um die Texte zu rekonstruieren, werden antiquarische Bücher von Lesegeräten gescannt und dann durch eine Software lesbar gemacht. Der so entstandene Text wird von Menschen gegengelesen und korrigiert – hierbei treten auch Fehler auf. Wenn Sie ebenfalls antiquarische Texte einreichen möchten, finden Sie weitere Informationen auf www.groels.de

Viel Freude bei der Lektüre wünscht Ihnen das Team des Gröls-Verlags.

Adressen

Verleger: Sophia Gröls, Im Borngrund 26, 61440 Oberursel

Externer Dienstleister für Distribution & Herstellung: BoD, In de Tarpen 42, 22848 Norderstedt

Unsere „Edition | Werke der Weltliteratur“ hat den Anspruch, eine der größten und vollständigsten Sammlungen klassischer Literatur in deutscher Sprache zu sein. Nach und nach versammeln wir hier nicht nur die „üblichen Verdächtigen“ von Goethe bis Schiller, sondern auch Kleinode der vergangenen Jahrhunderte, die – zu Unrecht – drohen, in Vergessenheit zu geraten. Wir kultivieren und kuratieren damit einen der wertvollsten Bereiche der abendländischen Kultur. Kleine Auswahl:

Francis Bacon • Neues Organon • **Balzac** • Glanz und Elend der Kurtisanen • **Joachim H. Campe** • Robinson der Jüngere • **Dante Alighieri** • Die Göttliche Komödie • **Daniel Defoe** • Robinson Crusoe • **Charles Dickens** • Oliver Twist • **Denis Diderot** • Jacques der Fatalist • **Fjodor Dostojewski** • Schuld und Sühne • **Arthur Conan Doyle** • Der Hund von Baskerville • **Marie von Ebner-Eschenbach** • Das Gemeindekind • **Elisabeth von Österreich** • Das Poetische Tagebuch • **Friedrich Engels** • Die Lage der arbeitenden Klasse • **Ludwig Feuerbach** • Das Wesen des Christentums • **Johann G. Fichte** • Reden an die deutsche Nation • **Fitzgerald** • Zärtlich ist die Nacht • **Flaubert** • Madame Bovary • **Gorch Fock** • Seefahrt ist not! • **Theodor Fontane** • Effi Briest • **Robert Musil** • Über die Dummheit • **Edgar Wallace** • Der Frosch mit der Maske • **Jakob Wassermann** • Der Fall Maurizius • **Oscar Wilde** • Das Bildnis des Dorian Grey • **Émile Zola** • Germinal • **Stefan Zweig** • Schachnovelle • **Hugo von Hofmannsthal** • Der Tor und der Tod • **Anton Tschechow** • Ein Heiratsantrag • **Arthur Schnitzler** • Reigen • **Friedrich Schiller** • Kabale und Liebe • **Nicolo Machiavelli** • Der Fürst • **Gotthold E. Lessing** • Nathan der Weise • **Augustinus** • Die Bekenntnisse des heiligen Augustinus • **Marcus Aurelius** • Selbstbetrachtungen • **Charles Baudelaire** • Die Blumen des Bösen • **Harriett Stowe** • Onkel Toms Hütte • **Walter Benjamin** • Deutsche Menschen • **Hugo Bettauer** • Die Stadt ohne Juden • **Lewis Caroll** • *und viele mehr….*

Sophokles

Antigone

Übersetzung

Von

Friedrich Hölderlin

Inhalt

Personen des Drama

Antigone
Ismene
Chor *von thebanischen Alten*
Kreon
Ein Wächter
Hämon
Tiresias
Ein Bote
Eurydice
Hausgenoss

Erster Akt

Erste Szene

Antigone. Ismene.

Antigone

Gemeinsamschwesterliches! o Ismenes Haupt!

Weißt du etwas, das nicht der Erde Vater

Erfuhr, mit uns, die wir bis hieher leben,

Ein Nennbares, seit Ödipus gehascht ward?

Nicht eine traur'ge Arbeit, auch kein Irrsal,

Und schändlich ist und ehrlos nirgend eines,

Das ich in deinem, meinem Unglück nicht gesehn.

Jetzt aber, ahnest du das, was der Feldherr

Uns kundgetan, in offner Stadt, soeben?

Hast du gehört es? oder weißt du nicht,

Wie auf die Lieben kommet Feindesübel?

Ismene

Nicht kam ein Wort zu mir, Antigone, von Lieben,

Kein liebliches und auch kein trauriges, seitdem

Die beiden Brüder beide wir verloren;

Die starben einen Tag von zweien Händen;
Seit aber fort das Heer von Argos ist,
Vergangne Nacht, weiß ich nichts weiter mehr
Und bin nicht glücklicher und nicht betrübter.

Antigone

Das dacht ich wohl und rief dich aus dem Hoftor
Darum, daß du's besonders hören könntest.

Ismene

Was ist's, du scheinst ein rotes Wort zu färben?

Antigone

Hat mit der letzten Ehre denn nicht unsre Brüder
Kreon gekränzt, beschimpfet, wechselsweise?
Eteokles zwar, sagt man, behandelt er
Mit rechtem Recht, gesetzgemäß, und birgt
Ihn in der Erd, ehrsam den Toten drunten.
Vom andern aber, der gestorben ist armselig,
Von Polynikes' Leibe sagen sie, man hab
Es in der Stadt verkündet, daß man ihn

Mit keinem Grabe berg und nicht betraure.

Man soll ihn lassen unbeweint und grablos,

Süß Mahl den Vögeln, die auf Fraßes Lust sehn.

So etwas, sagt man, hat der gute Kreon dir

Und mir, denn mich auch mein ich, kundgetan,

Und hierher kommt er, dies Unwissenden

Deutlich zu melden. Und die Sache sei

Nicht, wie für nichts. Wer etwas tut dabei,

Dem wird der Tod des Steinigens im Orte.

So steht es dir. Und gleich wirst du beweisen,

Ob gutgeboren, ob die Böse du der Guten?

Ismene

Was aber, o du Arme, wenn es so steht?

Soll ich es lassen oder doch zu Grab gehn?

Antigone

Ob mittun du, mithelfen wollest, forsche!

Ismene

Das ist vermessen. Wie bist du daran?

Antigone

Ob du den Toten mit der Hand hier tragest?

Ismene

Dem willst zu Grabe du gehn, dem die Stadt entsagt hat?

Antigone

Von dir und mir mein ich, auch wenn du nicht es willst,

Den Bruder. Denn treulos fängt man mich nicht.

Ismene

Verwilderte! wenn Kreon es verbietet?

Antigone

Mit diesem hat das Meine nichts zu tun.

Ismene

O mir! bedenke, Schwester, wie der Vater

Von uns verhaßt und ruhmlos untergangen

Nach selbstverschuldeten Verirrungen,

Da er sein Augenpaar mit eigner Hand zerstochen.

Und dann die Mutter, Ehefrau zugleich,

Ein doppelt Leiden, mit gewundnen Stricken

Verstümmelte das Leben sie. Zum dritten

Die beiden Brüder, die an *einem* Tage

Verwandten Tod mit Gegnershand bewirket.

Und nun wir zwei, die wir allein geblieben,

Sieh, wie am schlimmsten wir vergingen, wenn

Gewaltsam wir des Herrn Befehl und Kraft

Verfehlten. Dies auch denke, Weiber sind wir

Und dürfen so nicht gegen Männer streiten.

Und dann auch, weil von Stärkern wir beherrscht sind,

So müssen wir dies hören; Härters noch!

Ich also bitte sie, die drunten sind,

Mir zu verzeihen, daß mir dies geschieht,

Und laß sie walten, die da ferne gehen,

Denn Überflüssiges zu tun ist sinnlos.

Antigone

Befehlen will ich's nicht, und wolltest du's nun

Noch tun, es wär in deiner Hülfe Lust nicht.

Nein! denke du, wie dir's gefällt; doch ihn

Begrab ich. Schön ist es hernach, zu sterben.

Lieb werd ich bei ihm liegen, bei dem Lieben,

Wenn Heiligs ich vollbracht. Und dann ist's mehr Zeit,

Daß denen drunten ich gefall, als hier.

Dort wohn ich ja für immer einst. Doch du,

Beliebt es, halt ehrlos vor Göttern Ehrsams.

Ismene

Für ehrlos halt ich's nicht. Zum Schritt allein, den Bürger

Im Aufstand tun, bin linkisch ich geboren.

Antigone

Nimm nun zum Vorwand dies. Ich aber gehe,

Ein Grab dem liebsten Bruder aufzuwerfen.

Ismene

Ich Arme! oh! wie fürcht ich für dich!

Antigone

Mir rate nicht! komm aus mit deinem Leben!

Ismene

Meinwegen. Laß die Tat nur niemand hören!

Halt dich jetzt still! So kann ich mit dabeisein.

Antigone

O mir! schrei laut es aus! Ich hasse nur noch mehr dich,

Schweigst du und sagst nicht dieses aus vor allen.

Ismene

Warm für die Kalten leidet deine Seele.

Antigone

Ich weiß, wem ich gefallen muß am meisten.

Ismene

Könntst du es, doch Untunliches versuchst du.

Antigone

Gewiß! kann ich es nicht, so muß ich's lassen.

Ismene

Gleich anfangs muß niemand Untunlichs jagen.

Antigone

Magst du so etwas sagen, haß ich dich,

Haßt auch dich der Gestorbene mit Recht.

Laß aber mich und meinen irren Rat

Das Gewaltige leiden. Ich bin überall nicht so

Empfindsam, daß ich sollt unschönen Todes sterben.

Ismene

Wenn dir es dünkt, so geh. Wiß aber dies,

Sinnlos, doch lieb in liebem Tone sprichst du.

Chor der thebanischen Alten

O Blick der Sonne, du schönster, der

Dem siebentorigen Thebe

Seit langem scheint, bist einmal du

Erschienen, o Licht, bist du,

O Augenblick des goldenen Tages,

Gegangen über die dirzäischen Bäche,

Und den Weißschild, ihn von Argos,

Den Mann, gekommen in Waffenrüstung,

Den hinstürzenden Flüchtling

Bewegst du mit der Schärfe des Zaums, ihn,

Mit welchem über unser Land

Sich geschwungen Polynikes

Aus zweideutigem Zank, und scharf wie ein Adler

Schrie er und flog,

Schneeweiß sein Flügel,

Furchtbar, mit Waffen viel

Und Helmen, geschmückt mit dem Roßschweif.

Und über Palästen stand er und wies,

Voll blutiger Spieße, rings

Das siebentorige Maul;

Doch ging er davon,

Noch ehe von unsrem

Blut er die Backen

Gefüllt und ehe

Die Krone der Türme

Die Fackel des Hephästos genommen.

So über dem Rücken ist Getümmel
Des Mars dem Feind ein Hindernis,
Dem Drachen, geworden.
Denn sehr haßt Zeus das Prangen
Der großen Zung, und wo er,
Wenn sie langschreitend kommen,
Ins goldene ihnen sieht, ins eitle Hinaussehn,
Mit geschwungenem Feuer stürzet er sie, wo einer
Von steilen Treppen schon
Den Sieg anhebet zu jauchzen.

Auf harten Boden aber fällt er, hinuntertaumelnd,
Liebestrunken, der mit rasender Schar
Hinschnob, bacchantisch
Im Wurf ungünstiger Winde;
Fand aber anders;
Anderes andrem
Bescheidet der Schlachtgeist, wenn der hart
Anregend einen mit dem Rechten die Hand erschüttert.

Sieben Fürsten, vor sieben Toren
Geordnet, gleiche zu gleichen, ließen
Dem Zeus, dem triumphierenden, die ehernen Waffen,
Außer den Abscheulichen, die, von *einem* Vater
Und *einer* Mutter gezeuget, gegeneinander
Die gedoppelten Speere gerichtet und empfangen
Des gemeinsamen Todes Teil, die beiden.

Der großnamige Sieg ist aber gekommen,
Der wagenreichen günstig, der Thebe.
Und nach dem Kriege hier
Macht die Vergessenheit aus!
Zu allen Göttertempeln,
Mit Chören, die Nacht durch,
Kommt her! und, Thebe
Erschütternd, herrsche der Bacchusreigen!
Doch er, der König der Gegend,
Kreon, Menökeus' Sohn, neu nach
Der Götter neuen Verhängnissen,

Kommt wohl, um einen Rat

Zu sagen, da er zusammenberufen

Und verordnet hier der Alten Versammlung

Und öffentliche Botschaft gesendet.

Zweite Szene

Kreon. Der Chor.

Kreon

Ihr Männer, wär's die Stadt allein, die haben,

Nachdem in großer Flut sie die geschüttert,

Nun wiederum gestaltet unsre Götter.

Euch aber rief aus zwei Ursachen ich

Aus den Gesamten, einmal, weil ich weiß,

Ihr achtet überhaupt von Lajos' Thron die Herrschaft,

Dann auch, als Ödipus die Stadt errichtet

Und nachher unterging, seid treugesinnt

Geblieben ihr den Kindern jener Eltern.

Da nun aus doppeltem Verhängnis diese

An einem Tag umkamen, schlagend und

Geschlagen in der eigenhänd'gen Schande,

Hab ich die Kraft also und Thron durchaus

Aus Folge des Geschlechts von den Gestorbnen.

Doch nur mit solchen, die Recht und Befehl gewohnt sind,

Kann einer in der Seel und Sinnesart und Meinung

Verstehn sich allenfalls, mit andern schwerlich.

Mir nämlich scheint, wenn einer vornehm ist

Und nicht sich hält im höchsten Sinn, hingegen

In einer Furcht verschloßne Zunge führet,

Ein schlechtes Leben das, jetzt und von jeher.

Und wenn für größer als sein Vaterland

Das Liebste jemand hält, der gilt mir ganz nichts.

Ich nämlich, weiß es Zeus, der alles schauet allzeit,

Ich werd es nicht verschweigen, seh ich Irrung

Den Städtern gehen gegen ihre Wohlfahrt, nicht,

Wenn auf dem Grund hier ein Verdroßner ist,

Den mir zum Freunde machen, denn ich weiß,

Der hält zusammen, und so wir auf diesem

Recht fahren, mögen Freunde wir gewinnen.

Nach solcher Satzung will die Stadt ich fördern.
Dermalen aber hab ich Ähnliches verkündet
Den Städtern wegen Ödipus' Geschlecht.
Eteokles wohl, der kämpfend für die Stadt ist
Gestorben, all anordnend mit dem Speer,
Ihn decket mit dem Grab und heiliget,
Was nur gehört den besten Toten drunten.
Doch jenem, der sein Blutsverwandter ist,
Polynikes, der das väterliche Land,
Der Heimat Götter, kommend von der Flucht,
Vom Gipfel an mit Feuer wollte stürzen,
Sich weiden an verwandtem Blut und diese
Wegführen in Gefangenschaft, von diesem
Sag ich, und in der Stadt ist's ausgerufen,
Daß keiner ihn begrabe, keiner traure,
Daß unbegraben er gelassen sei, zu schaun
Ein Mahl, zerfleischt von Vögeln und von Hunden.
Dies ist mein Sinn, und niemals werden mir
Die Schlimmen mehr geehrt sein als die Guten.

Doch wer es gut meint mit der Stadt, tot oder

Lebendig, immer sei er gleich von mit geschätzet.

Chor

Dir dünket dies, o Sohn Menökeus', Kreon,

Des Feindes wegen und des Freunds der Stadt,

Und das Gesetz gebrauchst du überall,

Der Toten wegen und der Lebenden.

Kreon

Tragt ihr die Aufsicht nun in dem Besagten!

Chor

Besetze du mit Jungen derlei Posten!

Kreon

Nicht das. Die Wach ist schon für den Entleibten draußen.

Chor

Du nehmest aber auch noch in die Pflicht uns andre.

Kreon

Ja. Weil's gewisse gibt, bei denen dieses mißfällt.

Chor

Hier ist kein solcher Tor, der gerne stirbet.

Kreon

Dies ist der Lohn. Doch hat mit Hoffnungen

Oft der Gewinn den Mann zugrund gerichtet.

Dritte Szene

Kreon. Der Chor. Ein Bote.

Der Bote

Mein König, diesmal plaudr ich nicht, wie mich

Die othemlose Schnelle bring und wie

Sich leicht gehoben mir der Fuß. Denn öfters

Hielt mich die Sorg und wendet auf dem Wege

Mich um zur Rückkehr. Denn die Seele sang

Mir träumend viel. Wo gehst du hin, du Armer!

Wohin gelangt, gibst du die Rechenschaft?

Bleibst du zurück, Unglücklicher? so aber

Wird Kreon es von einem andern hören.

Wie kümmerst du deswegen denn dich nicht?

Derlei bedenkend, ging ich müßig langsam,

Und so wird auch ein kurzer Weg zum weiten.

Zuletzt hat freilich dies gesiegt, ich soll

Hieher, und wenn mein Sagen auch für nichts ist,

So sprech ich doch. Denn in der Hoffnung komm ich,

Es folge nur, dem, was ich tat, was not ist.

Kreon

Was gibt's, warum du so kleinmütig kommest?

Der Bote

Ich will dir alles nennen, was an mir ist,

Denn nicht getan hab ich's; weiß auch nicht, wer es tat.

Und nicht mit Recht würd ich in Strafe fallen.

Kreon

Du siehst dich wohl für. Hüllest ringsherum

Die Tat und scheinst zu deuten auf ein Neues.

Der Bote

Gewaltiges macht nämlich auch viel Mühe.

Kreon

So sag es itzt, und gehe wieder weiter!

Der Bote

Ich sag es dir. Es hat den Toten eben

Begraben eines, das entkam, die Haut zweimal

Mit Staub bestreut und, wie's geziemt, gefeiert.

Kreon

Was meinst du? wer hat dies sich unterfangen?

Der Bote

Undenklich. Nirgend war von einem Karst

Ein Schlag; und nicht der Stoß von einer Schaufel,

Und dicht das Land; der Boden ungegraben;

Von Rädern nicht befahren. Zeichenlos war

Der Meister, und wie das der erste Tagesblick

Anzeigte, kam's unhold uns all an, wie ein Wunder.

Nichts Feierlichs. Es war kein Grabmal nicht.

Nur zarter Staub, wie wenn man das Verbot

Gescheut. Und auch des Wilds Fußtritte nirgend nicht,

Noch eines Hundes, der gekommen und zerrissen.
Und schlimme Worte fuhren durcheinander.
Ein Wächter klagt den andern an; und fast
Gekommen wär's zu Streichen. Niemand war,
Der abgewehrt. Denn jeder schien, als hätt
Er es getan, doch keiner offenbar,
Und jeder wußt etwas für sich zu sagen.
Wir waren aber bereit, mit Händen glühend Eisen
Zu nehmen und durch Feuer zu gehn und bei den Göttern
Zu schwören, daß wir nichts getan und daß wir
Von dem nichts wußten, welcher das Geschehne
Beratschlagt oder ausgeführt. Zuletzt,
Als weiter nichts zu forschen war, spricht einer,
Der alle dahin brachte, daß das Haupt
Zu Boden ihnen sank, aus Furcht, denn nichts
Dagegen wußten wir, noch auch, wie wir
Es schön vollbrächten, und es hieß, man müsse
Die Tat anzeigen, dir es nicht verbergen.
Und dieses siegt', und mich, den Geisterlosen,

Erliest das Los, daß die Gewissenhaftigkeit

Ich hab und bin zugegen, wider Willen;

Ich weiß, ich bin es vor Unwilligen,

Denn niemand liebt den Boten schlimmer Worte.

Chor

Mein König, lange rät, es möchte göttlich

Getrieben sein das Werk, mir das Gewissen.

Kreon

Laß das! damit du nicht zum Zorngericht auch mich noch

Beredest und ein Narr erfunden seist und Alter.

Denn allzuschwer fällt dieses, daß du sagst,

Die Geister aus jenseitigem Lande können

Nachdenklich sein um dieses Toten willen.

So zärtlich ehren sollten sie, umschatten einen,

Der doch die Gruppen ihrer Tempelsäulen

Und Opfer zu verbrennen kam, ihr Land

Und ihr Gesetz zu sprengen; oder siehest du,

Daß Schlimme von den Himmlischen sind geehrt?

Mitnichten. Doch es nehmen einige
Von sonst her mir dies übel in der Stadt
Und murren, ingeheim die Häupter schüttelnd,
Und im Geschirre biegen diese mir
Den Nacken so nicht ein, daß Menschlichs kommen könnte.
Von diesen sind Geschenke worden diesen,
Das weiß ich wohl, daß sie derlei gestiftet.
Denn unter allem, was gestempelt ist,
Ist schlimm nichts wie das Silber. Ganze Städte
Verführet dies, reizt Männer aus den Häusern.
Verbilden und verwandeln kann's aufrichtige Sinne,
Daß sie der Sterblichen ihr schändlich Werk erkennen.
Und viel Geschäft den Menschen weist es an
Und jeder Tat Gottlosigkeit zu wissen.
So viele dies getan, durch Lohn bewegt,
Sie taten's in der Zeit, zu Rechenschaft.
Wenn aber Leben hat der Erde Herr in mir auch,
So weiß ich dies und, dargestellt zum Eide,
Sag ich dir dies: den Täter müßt ihr liefern,

Der hackt die Toten, den vors Auge müßt ihr

Mir schaffen, oder lebend erst, ans Kreuz gehängt,

Das üppige Beginnen mir verraten,

Dann könnet ihr gefaßt sein auf die Hölle.

Da schaut ihr dann, woher man den Gewinn holt,

Vermacht die Plünderung einander und erfahrt,

Daß alles nicht gemacht ist zum Erwerbe.

Das weißt du gut, durch schlimmen Vorteil sind

Betrogen mehrere denn wohlbehalten.

Der Bote

Gibst du was auszurichten, oder kehr ich so?

Kreon

Weißt du, wie eine Qual jetzt ist in deinen Worten?

Der Bote

Sticht es im Ohre, sticht's im Innern dir?

Kreon

Was rechnest du, wo sich mein Kummer finde?

Der Bote

Der Täter plagt den Sinn, die Ohren ich.

Kreon

O mir! welch furchtbarer Sprechart bist du geboren?

Der Bote

So ist's, weil ich nicht in der Sache mit bin.

Kreon

Du bist's! um Geld verratend deine Seele!

Der Bote

Ach! furchtbar ist Gewissen ohne Wahrheit!

Kreon

So mal' die Satzung aus! Wenn aber ihr

Nicht anzeigt, die's getan, so mögt ihr sagen,

Gewaltiges Gewinnen gebe Schaden.

Kreon geht ab.

Der Bote

Dem kann denn doch wohl nachgespüret werden.

Ob's aber treffen auch sich läßt? So etwas

Geht nämlich, wie es zustößt eben; nun scheint's nicht,

Als sähest du mich wieder hieher kommen.

Denn unverhofft und gegen meine Meinung

Erhalten, sag ich jetzt viel Dank den Göttern.

Er gehet ab.

Zweiter Akt

Chor der thebanischen Alten

Ungeheuer ist viel. Doch nichts

Ungeheuerer als der Mensch.

Denn der, über die Nacht

Des Meers, wenn gegen den Winter wehet

Der Südwind, fähret er aus

In geflügelten sausenden Häusern.

Und der Himmlischen erhabene Erde,

Die unverderbliche, unermüdete,

Reibet er auf; mit dem strebenden Pfluge

Von Jahr zu Jahr

Treibt sein Verkehr er mit dem Rossegeschlecht,

Und leichtträumender Vögel Welt

Bestrickt er und jagt sie

Und wilder Tiere Zug

Und des Pontos salzbelebte Natur

Mit gesponnenen Netzen,

Der kundige Mann.

Und fängt mit Künsten das Wild,

Das auf Bergen übernachtet und schweift.

Und dem rauhmähnigen Rosse wirft er um

Den Nacken das Joch, und dem Berge

Bewandelnden unbezähmten Stier.

Und die Red und den luftigen

Gedanken und städtebeherrschenden Stolz

Hat erlernet er, und übelwohnender

Hügel feuchte Lüfte und

Die unglücklichen zu fliehen, die Pfeile. Allbewandert,

Unbewandert. Zu nichts kommt er.

Der Toten künftigen Ort nur

Zu fliehen weiß er nicht,

Und die Flucht unbeholfener Seuchen

Zu überdenken.

Von Weisem etwas, und das Geschickte der Kunst

Mehr, als er hoffen kann, besitzend,

Kommt einmal er auf Schlimmes, das andre zu Gutem.

Die Gesetze kränkt er, der Erd und Naturgewalt'ger

Beschwornes Gewissen;

Hochstädtisch kommt, unstädtisch

Zu nichts er, wo das Schöne

Mit ihm ist und mit Frechheit.

Nicht sei am Herde mit mir,

Noch gleichgesinnet,

Wer solches tut.

Wie Gottesversuchung aber stehet es vor mir,

Daß ich sie seh und sagen doch soll,

Das Kind sei's nicht, Antigone.

O Unglückliche, vom unglücklichen

Vater Ödipus, was führt über dir und wohin,

Als Ungehorsam dich

Den königlichen Gesetzen,

In Unvernunft dich ergreifend?

Erste Szene

Antigone. Der Bote. Der Chor. Kreon.

Der Bote

Die ist's. Die hat's getan. Die griffen wir,

Da sie das Grab gemacht, doch wo ist Kreon?

Chor

Er kommet eben da zurück vom Hause.

Kreon

Was ist es? welch gemeßner Fall geht vor?

Der Bote

Mein König, Menschen müssen nichts verschwören.

Bildung lacht aus die Meinung. Was ich sag:

Ich dachte nicht so leicht hieher zurückzukommen,

Der Drohung nach, die mich zuvor herumgestürmet.

Dem Überraschen einer Freude gleicht jedoch

In keinem Grad ein anderes Vergnügen.

Beschworen komm ich, ob ich gleich es abschwur,

Die Jungfrau bringend hier; die ward erfunden,

Wie sie das Grab geschmückt. Da ward kein Los

Geschwungen. Sondern dieser Fund ist mein

Und keines andern; nimm, o König, nun

Sie selber, wie du willst, und richt und strafe!

Ich bin mit Recht befreit von diesem Unglück.

Kreon

Wie bringst du diese her? wo griffst du sie?

Der Bote

Die hat den Mann begraben. Alles weißt du.

Kreon

Weißt du und sagst auch recht, was du geredet?

Der Bote

Begraben sah ich die den Toten, wo du es

Verboten. Hinterbring ich Klares, Deutlichs?

Kreon

Und wie ward sie gesehn und schuldig funden?

Der Bote

So war die Sache. Wie wir weggegangen
Von dir, als du Gewaltiges gedrohet,
So wischten allen Staub wir ab, der um
Den Toten, wohl den nassen Leib entblößend;
Und setzten uns auf hohen Hügel, an die Luft,
Daß er Geruch nicht von sich gebe, fürchtend.
Es regt' ein Mann den andern auf und drohte,
Wenn einer nicht die Arbeit achten würde.
Und lange blieb es so, bis auseinanderbrechend
Der Sonne Kreis sich bückte grad herab
Vom Äther und der Brand erglühte. Plötzlich hub
Vom Boden dann ein warmer Sturm den Wirbel,
Der Himmlisches betrübt, das Feld erfüllt und reißt
Die Haare rings vom Wald des Tals, und voll ward
Davon der große Äther; wir verschlossen

Die Augen, hatten göttlich Weh, und als
Wir frei davon, in guter Zeit hernach,
So wird das Kind gesehn und weinet auf
Mit scharfer Stimme, wie ein Vogel trauert,
Wenn in dem leeren Nest verwaist von Jungen er
Das Lager sieht. So sie, da sie entblößt
Erblickt den Toten, jammerte sie laut auf
Und fluchte böse Flüche, wer's getan,
Und bringet Staub mit beiden Händen, schnell,
Und aus dem wohlgeschlagnen Eisenkruge kränzt
Sie dreimal mit Ergießungen den Toten.
Wir, die's gesehen, kamen, haschten sie,
Die nicht betroffen war, und klagten sie
Des Jetzigen und Schongeschehnen an.
Sie leugnet' aber nichts mir ab und war
Lieblich zugleich und auch betrübt vor mir.
Denn daß man selbst entflieht aus Übeln, ist
Das Angenehmste. Doch ins Unglück Freunde

Zu bringen, ist betrübt. Doch dieses alles
Ist kleiner als mein eignes Heil zu nehmen.

Kreon

Du also, die zur Erde neigt das Haupt,
Sagst oder leugnest du, daß du's getan habst?

Antigone

Ich sage, daß ich's tat, und leugn es nicht.

Kreon

Du, gehe du, wohin du willst, hinaus,
Von schwerer Schuld befreit; sag aber du mir,
Nicht lange, sondern kurz, ist dir bekannt,
Wie ausgerufen ward, daß solches nicht zu tun ist?

Antigone

Ich wußte das. Wie nicht? Es war ja deutlich.

Kreon

Was wagtest du, ein solch Gesetz zu brechen?

Antigone

Darum. *Mein* Zeus berichtete mir's nicht;

Noch hier im Haus das Recht der Todesgötter,

Die unter Menschen das Gesetz begrenzet;

Auch dacht ich nicht, es sei dein Ausgebot so sehr viel,

Daß eins, das sterben muß, die ungeschriebnen drüber,

Die festen Satzungen im Himmel brechen sollte.

Nicht heut und gestern nur, die leben immer,

Und niemand weiß, woher sie sind gekommen.

Drum wollt ich unter Himmlischen nicht, aus Furcht

Vor eines Manns Gedanken, Strafe wagen.

Ich wußte aber, daß ich sterben müßte.

Warum nicht? hättst du's auch nicht kundgetan.

Wenn aber vor der Zeit ich sterbe, sag ich, daß es

Sogar Gewinn ist. Wer, wie ich, viel lebt mit Übeln,

Bekommt doch wohl im Tod ein wenig Vorteil?

So ist es mir, auf solch Schicksal zu treffen,

Betrübnis nicht; wenn meiner Mutter Toten,

Als er gestorben, ich grablos gelassen hätte,

Das würde mich betrüben. Aber das

Betrübt mich gar nicht. Bin ich aber dir,

Wie ich es tat, nun auf die Närrin kommen,

War ich dem Narren fast Narrheit ein wenig schuldig.

Chor

Man sieht das rauh Geschlecht vom rauhen Vater

Am Kind! Allein beiseit im Übel kann's nicht.

Kreon

Doch weißt du wohl, daß allzuspröde Sprach

Am liebsten fällt. Und auch dem stärksten Eisen

Bricht und vergeht das Störrige, gekocht

Im Ofen. Alle Tage kannst du dies sehn.

Und kaum mit einem Zaume, weiß ich, daß gestellt

Die grausamweitgestreckten Rosse werden.

Nicht seine Sache ist's, groß zu denken, dem,

Der Diener derer ist, die ihn umgeben.

Die aber findet eine Lust aus damit,

Daß sie die vorgeschriebenen Gesetze trüb macht.

Und das ist noch die zweite Frechheit, da
Sie es getan, daß dessen sie sich rühmt und lacht,
Daß sie's getan. Nein! nun bin ich kein Mann,
Sie ein Mann aber, wenn ihr solche Kraft
Zukommet ungestraft. Doch wenn sie schon
Von meiner Schwester und Verwandtesten,
Vom ganzen Gotte meines Herdes da ist,
Dem allem ungeachtet meidet sie
Den schlimmen Tod nicht. Auch die Base nicht. Zu teuerst,
Auch diese klag ich an, wie diese da,
Daß sie gesorget, des Verscharrens wegen.
Ruft sie heraus. Denn eben sah ich drinnen
Sie wüten, nicht der Sinne mächtig. Gleich
Will ein geheimer Mut gefangen sein,
Wenn etwas nicht ist recht getan im Dunkeln.
Gewiß, das haß ich, ist auf Schlimmem einer
Ertappt, wenn er daraus noch Schönes machen möchte.

Antigone

Willst du denn mehr, da du mich hast, als töten?

Kreon

Nichts will ich. Hab ich dies, so hab ich alles.

Antigone

Was soll's also? Von deinen Worten keins

Ist mir gefällig, kann niemals gefällig werden.

Drum sind die meinigen auch dir mißfällig.

Obwohl, woher hätt ich wohllautenderen Ruhm,

Als wenn ich in das Grab den Bruder lege.

Denn daß es wohlgefall all diesen da,

Gestände, sperrete die Zunge nur die Furcht nicht.

Das Königtum ist aber überall

Geistreich und tut und sagt, was ihm beliebet.

Kreon

Siehst du allein dies von den Kadmiern?

Antigone

Auch diese sehn's, doch halten sie das Maul dir.

Kreon

Schämst du dich nicht, die ungefragt zu deuten?

Antigone

Man ehrt doch wohl die Menschen eines Fleisches.

Kreon

Und eines Bluts noch auch ist, der fürs Land gestorben.

Antigone

Eins Blutes. Kind eins einigen Geschlechtes.

Kreon

Und du bringst doch Gottlosen einen Dank?

Antigone

Das läßt gewiß nicht gelten der Entschlafne.

Kreon

Freilich. Wenn dir als eins Gottloses gilt und anders.

Antigone

Nicht in des Knechtes Werk, ein Bruder ist er weiter.

Kreon

Verderbt hat der das Land; der ist dafür gestanden.

Antigone

Dennoch hat solch Gesetz die Totenwelt gern.

Kreon

Doch Guten gleich sind Schlimme nicht zu nehmen.

Antigone

Wer weiß, da kann doch drunt' ein andrer Brauch sein.

Kreon

Nie ist der Feind, auch wenn er tot ist, Freund.

Antigone

Aber gewiß. Zum Hasse nicht, zur Liebe bin ich.

Kreon

So geh hinunter, wenn du lieben willst,

Und liebe dort! mir herrscht kein Weib im Leben.

Zweite Szene

Der Chor. Kreon. Antigone. Ismene.

Chor

Aber jetzt kommt aus dem Tor Ismene,

Friedlich, schwesterliche Tränen vergießend.

Ein Geist über den Augenbraunen das blutige

Gesicht deckt,

Waschet rege von den Schläfen die Wangen.

Kreon

Ja! du! die du drin hockst, daheim, wie Schlangen,

Geborgen und mich aussaugst! hat nicht einer mir

Berichtet, daß ich zwei Einbildungen hab an mir

Und Feinde des Throns? geh, sage, hast du mitgemacht

Am Grabe, oder hast du's mit der Unschuld?

Ismene

Getan das Werk hab ich, wenn die mit einstimmt,

Und nehme teil. Die Schuld nehm ich auf mich.

Antigone

Das wird das Recht ja aber nicht erlauben.

Du wolltest nicht. Ich nahm dich nicht dazu mit.

Ismene

Ich schäme mich an deinem Unglück nicht

Und mache zur Gefährtin mich im Leiden.

Antigone

Bei denen, die durchgängiger Weise sind

Und die Gespräche halten miteinander, drunten,

Die mit den Worten liebt, die mag ich nicht.

Ismene

Bring so mich in Verdacht nicht, Schwester, wie als könnt

Ich sterben nie mir dir; des Grabs Unschick vergüten.

Antigone

Stirb du nicht allgemein. Was dich nicht angeht,

Das mache dein nicht. Mein Tod wird genug sein.

Ismene

Hab ich denn, wenn du weg, noch eine Lieb im Leben?

Antigone

Den Kreon, liebe den. Dem weisest du den Weg ja.

Ismene

Was plagest du mich ohne Nutzen so?

Antigone

Anfechtung ist es, wenn ich dich verlache.

Ismene

Was aber kann ich nützen dir, auch jetzt noch?

Antigone

Nütz dir. Das gönn ich dir, daß du mit hingehst.

Ismene

Ich Arme! weh! hab ich Schuld, daß du stirbst?

Antigone

Dein Teil ist ja das Leben, meines Tod.

Ismene

Doch was ich sprach zu dir, ist auch dabei doch.

Antigone

Das war auch schön. Doch so wollt ich gesinnt sein.

Ismene

Allein der Fehl ist für uns beide gleich.

Antigone

Sei gutes Muts! du lebst, doch meine Seele,

Längst ist sie tot, so daß ich Toten diene.

Kreon

Von diesen Weibern da, sag ich, wird eben da

Sinnlos die ein, einheimisch ist's die andre.

Ismene

Es bleibt kein Herz, auch nicht das heimatliche,

Im Übelstand, mein König, außer sich gerät es.

Kreon

Dir, weil du schlimm mit Schlimmen dich gestellt.

Ismene

Mir lebt nichts, wo allein ich bin, nicht die auch.

Kreon

Die Red ist nicht von dieser. Die ist nimmer.

Ismene

Du tötest aber deines Sohnes Braut.

Kreon

Von anderen gefallen auch die Weiber.

Ismene

Es schickte keine sich, wie er und sie.

Kreon

Von bösen Weibern warn ich meine Söhne.

Antigone

O liebster Hämon! wie entehrt er dich!

Kreon

Gar lästig bist du auch, du und dein Bette.

Ismene

Dem nimmst du sie, der deines Lebens Teil ist.

Kreon

Die Höll ist da, derlei Zuwachs zu scheiden.

Ismene

Beschlossen scheint es, daß sie sterben soll.

Kreon

Für dich und mich! Umstände nimmer! bringt

Hinein, ihr Mägde, sie! Von nun an not ist,

Daß diese Weiber sei'n nicht freigelassen.

Denn Flucht ist auch der Starken Art, wenn ihnen

Der Hölle Reich aufgeht am Rand des Lebens.

Antigone und Ismene werden weggeführt.

Dritter Akt

Chor der thebanischen Alten. Kreon.

Chor

Glückselige solcher Zeit, da man nicht schmecket das Übel;

Denn wenn sich reget von Himmlischen

Einmal ein Haus, fehlt's dem an Wahnsinn nicht,

In der Folge, wenn es

Sich mehrt. Dem gleich, wenn unten,

Auf pontischer See, bei übelwehenden

Thrazischen Winden, die Nacht unter dem Salze

Eine Hütte befallen,

Von Grund aus wälzt sie das dunkle

Gestad um, das zersauste,

Und von Gestöhne rauschen die geschlagnen Ufer.

Alternd von Labdakos' Häusern,

Den untergegangenen, seh ich Ruin fallen

Auf Ruin; noch löset ab ein Geschlecht

Das andre, sondern es schlägt

Ein Gott es nieder. Und nicht Erlösung hat er.

Denn jetzt ist über die letzte

Wurzel gerichtet das Licht

In Ödipus' Häusern.

Und der tödliche, der Staub

Der Todesgötter zehret sie aus,

Und ungehaltnes Wort und der Sinne Wüten.

Vater der Erde, deine Macht,

Von Männern wer mag die mit Übertreiben erreichen?

Die nimmt der Schlaf, dem alles versinket, nicht

Und die stürmischen, die Monde der Geister

In alterloser Zeit; ein Reicher,

Behältst des Olympos

Marmornen Glanz du,

Und das Nächste und Künftige

Und Vergangne besorgst du.

Doch wohl auch Wahnsinn kostet

Bei Sterblichen im Leben

Solch ein gesetztes Denken.

Die Hoffnung lebet, ruhlos irrend,

Und vielen Männern hilft sie,

Täuscht vieler leichte Sinne.

Bleibt, bis dem, der an nichts denkt,

Die Sohle brennet von heißem Feuer.

Aus eines Mannes Weisheit ist

Ein rühmlich Wort gekommen:

Das Schlimme schein oft trefflich

Vor einem, sobald ein Gott

Zu Wahn den Sinn hintreibet.

Er treibt's aber die wenigste Zeit

Gescheuet, ohne Wahnsinn.

Hämon kommt hier, von deinen Söhnen

Der Jüngstgeborne, bekümmert ist der,

Daß untergehen soll Antigone,

Die junge Frau, die hochzeitliche,

Vom tückischen Bett erkranket.

Erste Szene

Kreon. Hämon. Der Chor.

Kreon

Bald haben wohl, o Sohn, mehr als die Seher

Wir endliche Entscheidung. Schließest du dein Ohr mir,
Der jungen Frau zulieb, und kommst mit Wut zum Vater?
Sag, oder bleibst du mir in allem meinem Handeln?

Hämon

Vater, dein bin ich. Milde Denkart hast du,
Richtest mir recht. Da mag ich gern dir folgen.
Denn so viel schätz ich keine Hochzeit nicht,
Daß sie mir lieber als dein Glück im Herrschen.

Kreon

Wohl, Sohn. So auch muß in der Brust es sein,
Daß väterlicher Meinung alles nachgeht.
Darum auch wünschete zuerst der Mann
Ein fromm Geschlecht und häuslich zu gewohnen,
Daß es mit Schaden fernhält einen Feind,
Den Freund hingegen ehrt, so wie den Vater.
Wenn aber untaugliche Kinder einer zeugt,
Von dem sprichst du auch wohl nichts anderes,
Als daß er Mühe nur sich selbst und viel

Gelächter für die Feinde sich gezeuget.
Wirf darum jetzt, o Sohn, des Weibes wegen nicht
Aus Lust die Sinne weg, und denke, daß
Das eine frostige Umarmung wird,
Ein böses Weib beiwohnend in den Häusern.
Auf Erden, was schlägt mißlichere Beulen
Als schlimme Freund'? Acht' aber du das gleich
Gottlosen! laß das Mädchen einen frein
Beim Höllengott! denn offenbar hab ich
Getroffen sie, daß von der ganzen Stadt
Sie untreu war allein; und darf jetzt nicht als Lügner
Bestehen vor der Stadt und muß sie töten.
Mag dann sie das wegsingen bei dem Bruder.
Verdirbt das Eingeborne, nähr ich fremd Geschlecht.
Denn wer im Angehörigen nur gut ist,
Erscheint auch in der Stadt als ein Gerechter.
Wer aber übertretend den Gesetzen
Gewalt will antun oder Herrscher meistern,
Von mir kann dem nicht wohl ein Lob zufallen.

Wen aber eine Stadt hat eingesetzt,

Dem soll man Kleines, Rechtes, Ungereimtes hören.

Und dieser Mann, ich glaube das, er wird

Wohl herrschen, wird auch gute Herrschaft wollen,

Und in der Speere Stürmen angestellt,

Wird ein gerechter Helfer der und trefflich bleiben.

Denn herrnlos sein, kein größer Übel gibt es.

Denn das verderbet Städte, das empört

Die Häuser, das reißt Lücken im Speergefecht.

Die aber recht gerichtet sind, bei denen

Erhält die Obrigkeit die vielen Körper.

So sichre du, die eine Welt dir bilden,

Und weiche nie dem Weib, in keinem Dinge.

Denn mehr gilt's, muß es sein, mit einem Mann zu fallen,

Daß nimmer wir genannt sei'n hinter Weibern!

Chor

Uns, wenn uns nicht im Finstern hält die Zeit,

Scheint das mit Sinn gesagt, wovon du redest.

Hämon

Als wie von Gott, himmlisch kommt die Besinnung,

Mein Vater, die auch ist von allem Gut das beste.

Mein eigen Leben aber kann es nicht,

Weiß auch nicht, ob du recht geredt, zu sagen.

Mag andern zu das Schöne ziehn von nun an,

Für dich war ich am Leben, zu beschauen,

Was einer sagt und tut und tadelt, alles.

Von dir das Auge wäre für das Volk,

Für Worte, die du gern nicht hörst, zu furchtbar.

Mir aber ward, zu hören das Vertrauen,

Und wie die Stadt voll ist von Trauer um die Jungfrau:

"Die soll, die Unschuldigste von den Weibern,

So schlecht vergehn ob dem, was sehr ruhmvoll getan war?

Die ihren Bruder, der in Mord gefallen,

Vom unbarmherz'gen Hunde grablos wollte

Nicht fressen lassen, noch der Vögel einem,

Soll eine solche goldnen Ruhms nicht wert sein?"

So finster ingeheim kommt das Gerücht uns.

Wenn dir es aber wohl vonstatten geht,
Mein Vater, drüber geht kein Eigentum mir.
Wenn ja der Vater blüht, was steht dann Kindern
Von gutem Rufe gottesähnlicher,
Als kindliches Betragen vor dem Vater?
Und hege nur in dir jetzt keine eigne Sitte,
Und sage nicht, du habest recht, kein andrer.
Denn wer allein hält von sich selbst, er habe
Gedanken nicht und Sprach und Seele wie ein andrer,
Wenn aufgeschlossen würd ein solcher Mensch,
Erschien' er leer. An einem Manne aber,
Wenn irgendwo ein Weiser ist, ist's keine Schande,
Viel lernen und nichts gar zu weit zu treiben.
Sieh, wie am Regenbache, der vorbeistürzt,
Die Bäume all ausweichen; alle denen
Erwärmet ihr Gezweig; die aber gegenstreben,
Sind gleich hin; sonst auch, wenn ein habhaft Schiff
Sich breitmacht und nicht weichen will in etwas,
Rücklings hinunter von den Ruderbänken

Muß das zuletzt den Weg und gehet scheitern.
Gib nach, da wo der Geist ist, schenk uns Ändrung,
Und wenn im Wort hier aus mir selber auch
Dabei ist eine jugendliche Meinung,
Ist alten Geists ein Mann, voll in vollkommnem Wissen;
Ist dieser nicht dabei, denn selten will es so gehn,
So ist von Worten auch, die gut sind, gut zu lernen.

Chor

Mein König, billig ist es, wenn er an der Zeit spricht,
Zu lernen, aber du von dem auch. Denn
Mit zweien Stimmen wurde recht gesprochen.

Kreon

Da ich so alt bin, will ich meinetwegen
Auch lernen denken in der Art von dem hier.

Hämon

Niemals beleidigen. Bin ich ein junger Mensch,
Muß man nicht auf die Zeit mehr als die Tat sehn.

Kreon

Ist's Tat, dem huldigen, was gegen eine Welt ist?

Hämon

Mein Rat ist's nicht, an Bösen Frömmigkeit zu üben.

Kreon

Ist nicht die hier in solcher Krankheit troffen?

Hämon

So nicht spricht dies genachbarte Volk Thebes.

Kreon

Der Ort sagt mir wohl, was ich ordnen muß.

Hämon

O sieh nun auf, allda, wie das verwegen jung klingt.

Kreon

Und wohl ein anderer soll Herr sein in dem Lande?

Hämon

Es ist kein rechter Ort nicht auch, der eines Manns ist.

Kreon

Wird nicht gesagt, es sei die Stadt des Herrschers?

Hämon

Ein rechter Herrscher wärst allein du in der Wildnis.

Kreon

Der, scheint's, ist von dem Weib ein Waffenbruder.

Hämon

Wenn du das Weib bist. Deinetwillen sorg ich.

Kreon

O schlecht! schlecht! ins Gericht gehn mit dem Vater.

Hämon

Weil ich nicht seh, wie du das Recht anlügest.

Kreon

Wenn meinem Uranfang ich treu beistehe, lüg ich?

Hämon

Das bist du nicht, hältst du nicht heilig Gottes Namen.

Kreon

O schamlos Wesen, schlechter als das Weib.

Hämon

Nicht wirst du wohl mich finden hinter Schlechtem.

Kreon

Und so bis hieher setzest du dich ihr zulieb aus?

Hämon

Ihr, dir und mir zulieb, und Todesgöttern.

Kreon

Schon ist es nicht mehr Zeit, daß du sie nehmest lebend.

Hämon

So sterbe sie, verderbe sterbend einen.

Kreon

Ist es heraus? wie frech noch nach der Zornlust!

Hämon

Das ist für einen leeren Sinn sie freilich.

Kreon

Wein und besinne dich; leersinnig kannst auch du sein.

Hämon

Wärst du es selbst nicht, hielt ich dich für treulos.

Kreon

Schöntun, des Weibes Werk, betöre mich nicht!

Hämon

Du möchtest etwas sagen, hören nichts.

Kreon

So ist es. Doch beim Himmel meiner Väter!

So nach Gelust sollst du nicht kränken mich mit Tadel.

Schafft weg die Brut, vor Augen soll sie, gleich,

In Gegenwart, hart an dem Bräutigam, sterben.

Hämon

Nicht wahrlich mir. Das lasse nie dir dünken.

Nicht untergehn wird diese, nahe mir.

Und nimmer sollst du sehn mein Haupt vor Augen,

Damit du ungestört mit denen bleibst, die dein sind.

Hämon geht ab.

Chor

Der Mann, mein König, ging im Zorne schnell,

Ein solch Gemüt ist aber schwer im Leiden.

Kreon

Er tu es! denke größer als ein Mann!

Doch rettet er vom Tode nicht die Mädchen.

Chor

Denkst du sogar zu töten diese beiden?

Kreon

Nicht die, die's nicht berührt; da hast du recht.

Chor

Und denkst du über jene nach; wie willst du töten?

Kreon

Sie führen, wo einsam der Menschen Spur ist,

Lebendig in dem Felsengrunde wahren,

So viele Nahrung reichen, als sich schickt,

Daß nicht die Stadt zuschanden werde vollends.

Dort wird sie wohl zum Todesgotte beten,

Den sie allein von allen Göttern ehrt,

Und werden kann ihr's, daß sie nimmer stirbt.

So wird sie einsehn, aber geisterweise:

Es sei doch Überfluß, Totes ehren.

Kreon gehet hinein.

Zweite Szene

Der Chor. Hernach Antigone.

Chor

Geist der Liebe, dennoch Sieger

Immer in Streit! Du Friedensgeist, der über

Gewerb einnicket und über zärtlicher Wange bei

Der Jungfrau übernachtet

Und schwebet über Wassern

Und Häusern, in dem Freien.

Fast auch Unsterblicher Herz zerbricht

Dir und entschlafender Menschen, und es ist,
Wer's an sich hat, nicht bei sich. Denn
Du machest scheu der Gerechten
Unrechtere Sinne, daß in die Schmach weg
Sie flüchten, hältst dich hier auf, im Männerzank,
Im blutsverwandten, und wirfst es untereinander.
Und nie zuschanden wird es,
Das Mächtigbittende,
Am Augenlide der hochzeitlichen
Jungfrau, im Anbeginne dem Werden großer
Verständigungen gesellet. Unkriegerisch spielt nämlich
Die göttliche Schönheit mit.
Jetzt aber komm ich eben selber aus
Dem Gesetze. Denn ansehn muß ich dies, und halten kann ich
Nicht mehr die Quelle der Tränen,
Da in das alles schweigende Bett
Ich seh Antigone wandeln.

Antigone

Seht, ihr des Vaterlandes Bürger,
Den letzten Weg gehn mich
Und das letzte Licht
Anschauen der Sonne.
Und nie das wieder? Der alles schweigende Todesgott,
Lebendig führt er mich
Zu des Acherons Ufer, und nicht zu Hymenäen
Berufen bin ich, noch ein bräutlicher singt
Mich, irgendein Lobgesang, dagegen
Dem Acheron bin ich vermählt.

Chor

Gehst du bekannt doch und geleitet mit Lob
Hinweg in diese Kammer der Toten.
Verderbend trifft dich Krankheit nicht,
Nicht für das Schwert empfängst du Handlohn.
Dein eigen Leben lebend, unter

Den Sterblichen einzig,

Gehst du hinab, in die Welt der Toten.

Antigone

Ich habe gehört, der Wüste gleich sei worden

Die Lebensreiche, Phrygische,

Von Tantalos im Schoße gezogen, an Sipylos' Gipfel;

Höckricht sei worden die und, wie eins Efeuketten

Antut, in langsamen Fels

Zusammengezogen; und immerhin bei ihr,

Wie Männer sagen, bleibt der Winter;

Und waschet den Hals ihr unter

Schneehellen Tränen der Wimpern. Recht der gleich,

Bringt mich ein Geist zu Bette.

Chor

Doch heilig gesprochen, heilig gezeuget

Ist die, wir aber Erd und irdisch gezeuget.

Vergehst du gleich, doch ist ein Großes, zu hören,

Du habst, Gottgleichen gleich, empfangen ein Los,
Lebendig und dann gestorben.

Antigone

Weh! Närrisch machen sie mich. Warum
Bei Vaterlandsschutzgeistern überhebest du
Dich mein, die noch nicht untergegangen,
Die noch am Tag ist.
O Stadt, o aus der Stadt
Ihr vielbegüterten Männer!
Io, ihr dirzäischen Quellen!
Um Thebe rings, wo die Wagen
Hochziehen, o ihr Wälder! Doch, doch müßt
Ihr mir bezeugen einst, wie unbeweinet
Von Lieben und nach was für
Gesetzen in die gegrabene Kluft ich,
Ins unerhörte Grab muß.
Io! ich Arme!
Nicht unter Sterblichen, nicht unter Toten.

Chor

Mitwohnend Lebenden nicht und nicht Gestorbnen.

Forttreibend bis zur Scheide der Kühnheit,

Bis auf die Höhe des Rechts,

Bist du, o Kind, wohl tief gefallen,

Stirbst aber väterlichen Kampf.

Antigone

Die zornigste hast du angereget

Der lieben Sorgen,

Die vielfache Weheklage des Vaters

Und alles

Unseres Schicksals,

Uns rühmlichen Labdakiden.

Io! du mütterlicher Wahn

In den Betten, ihr Umarmungen, selbstgebärend,

Mit meinem Vater, von unglücklicher Mutter,

Von denen einmal ich Trübsinnige kam,

Zu denen ich im Fluche

Mannlos zu wohnen komme.

Io! Io! mein Bruder!

In gefährlicher Hochzeit gefallen!

Mich auch, die nur noch da war,

Ziehst sterbend du mit hinab.

Chor

Zu ehren ist von Gottesfurcht

Etwas. Macht aber, wo es die gilt,

Die weichet nicht. Dich hat verderbt

Das zornige Selbsterkennen.

Antigone

Unbeweinet und ohne Freund' und ehlos

Werd ich Trübsinnige geführet

Diesen bereiteten Weg. Mir ist's nicht

Gebrauch mehr, dieser Leuchte heiliges Auge

Zu sehn, mir Armen. Und dies

Mein Geschick, das tränenlose,

Betrauert, liebet niemand.

Dritte Szene

Kreon. Antigone. Der Chor.

Kreon

Ihr wisset, keines läßt das Singen und das Heulen

In Todesnot, solang man hin und her spricht.

Führt sie gleich weg, und mit der Gruft, der dunklen,

Umschattet ihr sie, wie gesagt, dort laßt sie ruhn

Einsam allein; mag sie nun sterben müssen,

Mag lebend unter solchem Dache zehren.

Denn wir sind rein, was dieses Mädchen angeht,

Die Häuslichkeit hier oben aber fehlt ihr.

Antigone

O Grab! o Brautbett! unterirdische

Behausung, immerwach! Da werd ich reisen

Den Meinen zu, von denen zu den Toten

Die meiste Zahl, nachdem sie weiter gangen,

Zornigmitleidig dort ein Licht begrüßt hat;

Von denen ich, die letzte, nun am schlimmsten

In weiter Welt vergehn muß, ehe mir
Des Lebens Grenze kommt. Doch komm ich an,
So nähr ich das mit Hoffnungen gar sehr,
Daß lieb ich kommen werde für den Vater,
Auch dir lieb, meine Mutter! lieb auch dir,
Du brüderliches Haupt! Denn als ihr starbt,
Hab ich genommen euch mit eigner Hand
Und ausgeschmückt und über eurem Grabe
Trankopfer euch gebracht. Nun, Polynikes,
Indem ich decke deinen Leib, erlang ich dies,
Obgleich ich dich geehrt, vor Wohlgesinnten.
Nie nämlich, weder wenn ich Mutter
Von Kindern wäre oder ein Gemahl
Im Tode sich verzehret, hätt ich mit Gewalt,
Als wollt ich einen Aufstand, dies errungen.
Und welchem Gesetze sag ich dies zu Dank?
Wär ein Gemahl gestorben, gäb es andre,
Und auch ein Kind von einem andern Manne,
Wenn diesen ich umarmt. Wenn aber Mutter

Und Vater schläft, im Ort der Toten beides,

Steht's nicht, als wüchs ein andrer Bruder wieder.

Nach solchem Gesetze hab ich dich geehrt,

Dem Kreon aber schien es eine Sünde

Und sehr gewagt, o brüderliches Haupt!

Und jetzt führt er mich weg, mit Händen so mich greifend,

Mich ohne Bett und Hochzeit; noch der Ehe Teil

Hab ich empfangen, noch ein Kind zu nähren.

Doch einsam so von Lieben, unglückselig,

Lebendig in die Wildnis der Gestorbnen

Komm ich hinab. Welch Recht der Geister übertretend?

Was soll ich Arme noch zu himmlischen

Gewalten schaun? Wen singen der Waffengenossen?

Da ich Gottlosigkeit aus Frömmigkeit empfangen.

Doch wenn nun dieses schön ist vor den Göttern,

So leiden wir und bitten ab, was wir

Gesündiget. Wenn aber diese fehlen,

So mögen sie nicht größer Unglück leiden,

Als sie bewirken offenbar an mir.

Chor

Noch von demselben Stürmen hat
Sie noch dieselben Stöße in der Seele.

Kreon

Deswegen werden denen, die sie führen,
Tränen kommen, des Aufschubs wegen.

Antigone

O mir! grad vor dem Tode
Ist dies das Wort.

Kreon

Ich rate, nichts zu wagen,
Nichts derlei dieser zuzusprechen.

Kreon geht ab.

Vierter Akt

Erste Szene

Antigone. Der Chor.

Antigone

O des Landes Thebes väterliche Stadt,

Ihr guten Geister alle, den Vätern geworden,

Also werd ich geführt und weile nicht mehr?

Seht übrig von den anderen allen

Die Königin, Thebes Herrn! welch eine

Gebühr ich leide von gebührigen Männern,

Die ich gefangen in Gottesfurcht bin.

Chor

Der Leib auch Danaës mußte,

Statt himmlischen Lichts, in Geduld

Das eiserne Gitter haben.

Im Dunkel lag sie

In der Totenkammer, in Fesseln;

Obgleich an Geschlecht edel, o Kind!

Sie zählete dem Vater der Zeit
Die Stundenschläge, die goldnen.

Aber des Schicksals ist furchtbar die Kraft.
Der Regen nicht, der Schlachtgeist
Und der Turm nicht, und die meerumrauschten
Fliehn sie, die schwarzen Schiffe.
Und gehascht ward zornig behend Dryas' Sohn,
Der Edonen König, in begeistertem Schimpf
Von Dionysos, von den stürzenden
Steinhaufen gedecket.
Den Wahnsinn weint' er so fast aus,
Und den blühenden Zorn. Und kennen lernt' er,
Im Wahnsinn tastend, den Gott mit schimpfender Zunge.
Denn stocken macht' er die Weiber,
Des Gottes voll, und das euische Feuer,
Und die flötenliebenden
Reizt' er, die Musen.

Bei himmelblauen Felsen aber, wo
An beiden Enden Meer ist,
Dort sind des Bosphoros Ufer
Und der Busen Salmidessos',
Der Thraziern gehöret; daselbst sah, nahe
Der Stadt, der Schlachtgeist zu, als beiden
Phineïden ward die Wunde der Blindheit
Vom wilden Weibe gestoßen,
Und finster war's in den mutwill'gen Augenzirkeln.

Von Speeren Stiche. Unter
Blutigen Händen und Nadelspitzen.
Und verschmachtend, die Armen weinten
Das arme Leiden der Mutter; sie hatten
Ehlosen Ursprung; jene aber war
Vom Samen der altentsprungenen
Erechtheïden.
In fernewandelnden Grotten
Ernährt ward sie, in Stürmen des Vaters, die Boreade,

Zu Rossen gesellt, auf gradem Hügel,

Der Götter Kind. Doch auch auf jener

Das große Schicksal ruhte, Kind!

Antigone wird weggeführt.

Zweite Szene

Tiresias. Kreon.

Tiresias *von einem Knaben geführt*

Ihr Fürsten Thebes! miteinander kommen

Des Weges wir, durch *einen* beide sehend.

Wir Blinden gehen mit Wegweisern so des Weges.

Kreon

Was gibt es Neues, Greis Tiresias!

Tiresias

Ich will es sagen, höre du den Seher.

Kreon

Auch war ich sonst von deinem Sinn nicht ferne.

Tiresias

Drum steuerst du gerad auch mit der Stadt.

Kreon

Erfahren hab ich Nützliches und zeug es.

Tiresias

Auch jetzt im zarten Augenblicke denke.

Kreon

Was ist es denn? Furchtbar ist dieser Mund mir.

Tiresias

Du weißt es; hörst die Zeichen meiner Kunst.

Denn auf dem alten Stuhle, Vögel schauend,

Saß ich, wo vor mir war ein Hafen aller Vögel,

Da hört ich unbekannt von denen ein Geschrei,

Mit üblem Wüten schrien sie und wild,

Und zerrten mit den Klauen sich einander,

In Mord, das merkt ich, denn nicht unverständlich war

Der Flügel Sausen. Schnell befürchtet ich

Und kostete die Flamm, auf allentzündeten

Altären. Aber aus den Opfern leuchtet'
Hephästos nicht. Hingegen aus der Asche
Der nasse Geruch verzehrte die Hüften
Und raucht' und wälzte sich, und hoher Zorn ward
Umhergesäet, und die benetzten Hüften
Sahn offen aus dem Fett, das sie bedeckte.
Die hab ich von dem Knaben hier erfahren,
Der zeichenlosen Orgien tödliche Erklärung.
Denn dieser ist mir Führer, andern ich.
Und dies. Nach deinem Sinn erkrankt die Stadt.
Denn die Altäre sind und Feuerstellen
Voll von dem Fraß der Vögel und des Hunds,
Vom unschicklich gefallnen Sohn des Ödipus.
Und nicht mehr nehmen auf beim Opfer das Gebet
Von uns die Götter, noch der Hüften Flamme;
Noch rauscht der Vögel wohlbedeutendes
Geschrei her, denn es hat von totem Menschenblut
Das Fett gegessen. Das bedenke nun, o Kind!
Denn allen Menschen ist's gemein, zu fehlen.

Wenn aber einer fehlt, der Mann ist eben
Nicht ungescheut und nicht ein Unglücksel'ger,
Wenn er, gefallen in ein Übel, heilen
Sich lässet und nicht unbeweglich bleibet.
Denn Eigendünkel zeiget Grobheit an.
Weich du dem Toten und verfolge nicht
Den, der dahin ist. Welche Kraft ist das,
Zu töten Tote? Gut für dich gesinnt,
Sag ich es gut. Zu lernen ist erfreulich,
Spricht einer gut, und nützet, was er saget.

Kreon

O Alter! alle, wie auf eines Schützen Ziel,
Zielt ihr auf unsereinen. Ungeschult nicht bin
Von eurer Art ich in der Seherkunst nicht;
Verkauft bin ich seit langem und betrogen.
Gewinnet! Kauft von Sardes das Elektrum,
Wenn ihr es wollt, und Gold von Indien,
Doch in dem Grabe berget ihr nicht jenen,

Nicht, wenn der Donnervogel zuckend ihn
Vor Gottes Thron als Speise tragen wollte.
Des ungeachtet laß ich, der Krankheiten nicht
Des Himmels fürchtet, nicht ein Grab dem Manne.
Gott regt kein Mensch an, dieses weiß ich.
Es fallen aber, Greis Tiresias,
Von Sterblichen auch sehr Gewaltige
Sehr wüsten Fall, wenn solche Worte sie,
Die wüst sind, schön aussprechen, Vorteils wegen.

Tiresias

Ach! weiß es jemand? ist's gesprochen irgend?

Kreon

Was gibt's? was sagst du dieses Allgemeine?

Tiresias

Um wieviel gilt itzt mehr Gutmütigkeit als Wohlsein?

Kreon

So viel, denk ich, nicht denken viel Verlust ist.

Tiresias

Von dieser Krankheit aber bist du voll.

Kreon

Ich will dem Seher schlimm nicht widersprechen.

Tiresias

So sprichst du, da du sagst, ich prophezeie fälschlich.

Kreon

Die Seherart liebt nämlich all das Silber.

Tiresias

Tyrannenart liebt schändlichen Gewinn.

Kreon

Weißt du, daß Feldherrn sind, wozu du redest?

Tiresias

Das weiß ich. Denn durch mich erhieltest diese Stadt du.

Kreon

Ein weiser Seher bist du, liebest dennoch Unrecht.

Tiresias

Aufregen wirst du mich, das, was noch unerschüttert
Von meinen Gedanken ist, herauszusagen.

Kreon

Erschüttr es! Nur sprich Vorteils wegen nicht!

Tiresias

Schein ich so sehr dein Teil zu sein auch itzt noch?

Kreon

Du wirst nicht täuschen meinen Sinn, das wisse!

Tiresias

Wiß aber du, nicht lange Zeit mehr brütest
In eifersücht'ger Sonne du von nun an;
Denn bald aus deinem Eingeweide zahlst
Du selber einen Toten für die Toten,
Für die, die du von oben warfst hinunter
Und deren Seele schmählich du im Grabe
Zu wohnen hast gesandt. Von unten hast
Auch oben einen du, den schicksallosen,

Den unbegrabenen, unheiligen Toten

Des Todesgotts, der weder dich noch obre Götter

Angehet, aber du brauchst so Gewalt.

Und darum lauern wunderlich verderblich

Im Jenseits dir die Spötter und die Richterinnen

Der Götter, also, daß da in denselben Übeln

Du troffen werdest, und betrachte das,

Ob ich das dumm von Silber spreche. Denn es kommt,

Nicht lange Zeit mehr ist's, von Männern, Weibern

In deinen Häusern eine Weheklage.

In Mißverstand muß aber jede Stadt

Vergehen, deren Leichname zur Ruhe

Die Hund' und wilden Tiere bringen, oder wenn

Mit Fittichen ein Vogel mit unheiligem

Geruche zum gesetzten Herd der Stadt kommt.

So steht's mit dir. Verdrossen bist du freilich;

Als wie ein Schütze sandt ich aus dem Mute

Des Herzens Pfeile fest. Und ihrer Wärme

Entgehst du nicht! O Kind! Du aber führ uns

Hinweg ins Haus, daß dieser seinen Mut

Auslasse gegen Jüngere. Und lernen

Mag er, die Zunge stiller zu gewöhnen,

Und besser sein Gemüt gesinnt, denn's jetzt ist.

Tiresias geht ab.

Dritte Szene

Der Chor. Kreon.

Chor

Der Mann, mein König, ging viel prophezeiend,

Wir wissen aber, seit wir mit dem weißen

Das schwarze Haar vertauschet, wie du siehst,

Daß nie er Lügen in der Stadt gebrauchet.

Kreon

Ich weiß es selbst und bin verwirrt im Sinn;

Denn weichen ist ein Großes. Doch wenn einer

Mit Wahn mir auf den Mut tritt, wird das schwierig.

Chor

Es brauchet guten Rat, Kreon, Menökeus' Sohn!

Kreon

Was ist zu tun? Sag es, ich will dir folgen.

Chor

Komm, laß die Jungfrau aus dem Felsenhause,

Und schaff ein Grab dem, welcher draußen liegt.

Kreon

Du lobest dies und scheinst es gutzuheißen.

Chor

So schnell, mein König, als es möglich ist,

Denn in die Kürze faßt den Schlimmgesinnten

Die schnellgefüßte Züchtigung der Götter.

Kreon

O mir. Kaum mag ich, denn mir fehlt das Herz

Dazu, doch mit der Not ist nicht zu streiten.

Chor

Tu nun dies. Komm. Komm nun nicht mehr auf anders.

Kreon

So wie ich bin, will ich hinweggehn. Diener!

Abwesend, gegenwärtig! nimmt zur Hand

Die Beil' und eilt zum Orte, den ihr sehet.

Ich aber, weil für die sich kehrt die Meinung,

Und ich sie selbst band, will auch selbst sie lösen.

Ich fürcht, es ist am besten, zu erhalten

Bestehendes Gesetz und so zu enden.

Fünfter Akt

Chor der thebanischen Alten

Namenschöpfer, der du von den Wassern, welche Kadmos

Geliebet, der Stolz bist und des, der im Echo donnert,

Ein Teil, des Vaters der Erd,

Und Italia in Wachstum weit umschweifst,

Die allbekannt ist. Allen gemein

Ist aber Undurchdringliches; denn auch waltest

Im Schoße du zu Eleusis.

Hier aber, Freudengott,

In der Mutterstadt, der bacchantischen,
In Thebe wohnest du, an Ismenos' kaltem Bach,
An den Zäunen, wo den Othem
Das Maul des Drachen haschet.

Der Opferrauch, der wohlgestalt ist über
Des Felses Schultern, hat dich gesehen; am
Cocytus, wo die Wasser
Bacchantisch fallen, und
Kastalias Wald auch.
Und unter nyssäischen Bergen regen
Fernhorchend Brunnen dich auf,
Und grün Gestad,
Voll Trauben hängend,
Nach Thebes
Unsterblichen Worten zu gehn,
In die Gassen, da sie frohlockten.
Denn die ehrst du vor allen

Als höchste der Städte

Mit der blitzgetroffenen Mutter.

Jetzt aber, da von gewaltiger

Krankheit die ganze Stadt

Ist befangen, müssen wir

Der Buße Schritte gehen über

Den parnassischen Hügel oder

Die seufzende Furt.

Io! du! in Feuer wandelnd!

Chorführer der Gestirn' und geheimer

Reden Bewahrer!

Sohn, Zeus' Geburt!

Werd offenbar! mit den naxischen

Zugleich, den wachenden

Thyden, die wahnsinnig

Dir Chor singen, dem jauchzenden Herrn.

Erste Szene

Ein Bote. Der Chor. Hernach Eurydice.

Der Bote

O ihr des Kadmos Nachbarn und Amphions,
Es steht nicht so, daß ich des Menschen Leben,
Wie's auch verfaßt sei, loben möcht und tadeln.
Undenklichs hebt, Undenklichs stürzet nämlich
Allzeit den Glücklichen und den Unglücklichen.
Kein Sehergeist erreicht nicht das, was da ist.
So war sonst Kreon mir beneidenswert,
Da er von Feinden rettete das Land
Des Kadmos und allein Herrschaft gewann
In dieser Gegend und regiert' und blüht'
In wohlgeborner Saat von Kindern. Nun
Geht alles hin. Das Angenehme nämlich,
Das untreu wird, halt ich des Mannes unwert.
Reich, wenn du willst, ist er im Hause sehr
Und lebet in tyrannischer Gestalt.
Doch wenn von dem weggeht die Freude, möcht

Um eines Rauches Schatten ich das andre nicht

Als angenehm für einen Mann verkaufen.

Chor

Wie kommt dir denn vom Fürsten diese Klage?

Der Bote

Gestorben sind sie. Schuldig sind, die leben.

Chor

Und welcher tötet? welcher liegt? sag an!

Der Bote

Hämon ist hin, von eignen Händen blutend.

Chor

Was? von des Vaters oder eigner Hand?

Der Bote

Er selbst. Dem Vater zürnt' in seinem Mord er.

Chor

Wie führtest du ein richtig Wort, o Seher!

Der Bote

So steht es. Anderes ist zu bedenken.

Chor

Ich seh Eurydice, die unglückliche,
Die Frau des Kreon eben. Ob im Hause sie's
Gehört hat oder da aus Zufall ist?

EURYDICE

O all ihr Bürger! eine Rede merkt ich,
Da ich zur Pforte ging der Göttin Pallas,
Damit ich käm und mit Gebet anspräche.
Da tu ich eben auf des Tores Riegel;
Es öffnet sich, und eine Stimme trifft
Von Unglück in dem Hause mich durchs Ohr.
Rücklings fall ich in Furcht auf meine Mägde,
In Unmacht. Aber welch Gerücht es war,
Sagt es noch einmal mir. Ich werde nicht
In Übeln unerfahren es vernehmen.

Der Bote

Ich, liebe Frau, sag es als Augenzeuge,
Kein Wort der Wahrheit laß ich ungesagt,
Was sollt ich nämlich dich besänftigen,
Wenn ich nachher als Lügner dir erschiene?
Gerad ist immerhin die Wahrheit. Ich
Bin als Gefährte deinem Herrn gefolgt,
Zum hohen Felde, wo, vom Hund zerfleischt,
Der arme Leichnam lag des Polynikes.
Enodia, die Göttin, bitten wir,
Und Pluto, wohlgesinnten Zorn zu halten,
Bereiten heilig Bad und legen ihn
In frische Zweige, soviel übrig war,
Und einen Hügel mit geradem Haupt
Erbauten wir von heimatlicher Erde.
Und gingen dann zum hohlen, steinerbauten,
Nach Toter Art vermählten Bett der Jungfrau.
Es höret aber einer eine Stimme
Und laute Klage rufen in der Kammer

Und nahet sich und deutet Kreon sie,

Dem Herren, an. Und wie der ging, umgab

Ihn merkbarer die dunkle, mühesel'ge Stimme,

Dann schrie er auf, nah dran, und übel klagend

Sprach er das Wort, das ärmlich klagende:

Bin ich Wahrsager mir? geh ich den unglücklichsten

Wirklich der Wege, welche kommen können?

Mich rührt des Kindes Stimme. Doch ihr Diener,

Geht schnell hinzu zum Grab und seht genau

Den Riegel an, der aus der Mauer ist gerissen,

Geht in die Türe selbst hinein und sehet,

Ob ich des Hämons Stimme höre oder

Göttlich getäuscht bin. Des geängsteten

Herrn Wort nach forschen wir. Darauf

Zuhinterst in den Gräbern sehen wir

Am Nacken hängend sie, am Gürtelbande

Des Leinenkleids herab; und ihn, rundum

Um sie bestrickt, dahingestreckt und jammernd

Ums Brautbett, und den Abgrund drunten, und

Des Vaters Werk und unglückliche Lager.
Er, wie er dieses sieht, schreit greulich auf
Und geht hinein zu ihm und weheklagt und rufet:
O Armer, was hast du getan? was hattest
Im Sinne du? Durch welch Verhängnis starbst du?
O komm heraus, mein Kind, fußfällig bitt ich.
Schnöd blickend, nichts entgegensagend, starrt
Mit wilden Augen gegen ihn der Sohn;
Und zieht das Schwert, zweischneidig, gegen ihn erst.
Und da der Vater, aufgeschröckt, zur Flucht
Sich wandte, fehlt' er. Grimmig dann im Geiste,
Der Unglückliche stieß, so wie er ausgestreckt stand,
Die Spitze mitten sich in seine Seite.
Den feuchten Arm, bei Sinnen noch, küßt er
Der Jungfrau. Schnaubend stößt auf weißer Wange
Er scharfen Hauch von blut'gen Tropfen aus.
Das Tote liegt beim Toten, bräutliche
Erfüllung trifft es schüchtern in den Häusern
Der Totenwelt und zeigt der Menschen ratlos Wesen,

Und wie als größtes Übel dies der Mann hat.

Eurydice geht ab.

Chor

Wie nimmst du dies? Die Frau ging wieder weg,

Eh sie gut oder schlimm ein Wort gesagt.

Der Bote

Mich wundert's auch, doch nähr ich mich mit Hoffnung,

Daß auf des Kindes Unglück sie das Jammern

Anständig nicht gehalten vor der Stadt

Und in den Zimmern drin den Mädgen sage,

Daß sie des Hauses Klage klagen. Denn

So ohne Rat ist sie nicht, daß sie fehlte.

Chor

Ich weiß nicht. Doch das allzugroße Schweigen

Scheint bei vergebnem Schreien mir bedeutend.

Der Bote

Laß sehen uns, ob nicht Verhaltenes

Geheim verberg ihr schwellend Herz; hinein

Ins Haus gehn. Denn du redest wohl, es ist

Bedeutend auch das allzugroße Schweigen.

Chor

Allein der König kommet selbst.

Ein großes Angedenken in Händen trägt er.

Wenn's recht ist, es zu sagen, aus fremdem

Irrsal nicht, sondern selber hat er gefehlt.

Zweite Szene

Der Chor. Kreon.

Kreon

Io! unsinnige Sinne!

Harte Fehle!

Tödliche! O tötend und

Getötet sehn wir

Blutsfreunde.

Io! mir! über meinen armen

Ratschlägen.

Io! Kind! Frühzeitig gestorben!

Weh! Weh! Weh!

Gestorben bist du, geschieden,

Durch meine, nicht deine Torheit.

Chor

O mir, wie mußtest du so spät erst sehn das Rechte.

Kreon

Ich hab's gelernet in Furcht. An meinem Haupt aber

Ein Gott dort, dort mich

Mit großer Schwere gefaßt

Und geschlagen hat, und geschüttelt auf wilden Wegen.

Ach! ach!

Io! ihr Mühen der Menschen! ihr Mühsamen!

Dritte Szene

Der Bote. Kreon. Der Chor.

Bote

O Herr! wie hast du schon und wie empfängst du.

Das in den Händen trägst du, das. Und das im Haus

Auch, das Unglück zu sehen, mußt du kommen.

Kreon

Was ist denn schlimmer noch als das, was schlimm ist?

Bote

Die Frau ist tot; ganz Mutter dieses Toten.

Noch krümmt sie sich von neugeschlagnen Schlägen.

Kreon

Io! Io! du schmutziger Hafen

Der Unterwelt! was? mich nun? was? verderbest du mich?

Io! der übelberichtet mir

Hersandte das Unglück, führest solch Geschrei du?

Weh! Weh! du hast zugrunde den Mann gerichtet.

Was sprichst du, Kind? was bringest du mir Neues?

Weh! Weh! Weh!

Geschlachtet an dem Boden liege

Des Weibs Teil über allgemeinem Zerfalle.

Bote

Du kannst es sehn. Noch ist sie im Gemach nicht.

Kreon

O mir!

Auch das Unglück, das zweite, seh ich Armer?

Was nun noch? was erwartet mich ein Schicksal?

Ich hab in Händen eben da das Kind,

Ich Armer; sehe vor mir hier den Toten.

Ach! ach! mühsel'ge Mutter! ach mein Kind!

Chor

Wie ist sie scharfgetroffen, wie geschlachtet rings!

Kreon

Sie schlägt die schwarzen Augen auf. Was klagt sie?

Bote

Des ehgestorbenen Megareus rühmlich Bett.

Dann hat geklaget sie um den, zuletzt lobpries sie

Die schlechten Taten dir, dem Kindermörder.

Kreon

Weh! Weh! Weh! Weh!

Mich beflügelt die Furcht. Warum

Hat nicht mich einer erschlagen

Mit entgegengestelltem Schwert?

Ich Feiger! ach! ach!

In feiger Not gemenget.

Bote

Da du die Schuld von dem und jenem trägst,

So gib Befehl auch wegen der Gestorbnen.

Kreon

Was Art in Mord ward aber jen' entbunden?

Bote

Sich selber auf die Leber schlug sie, da

Des Kindes Leiden lautgeklagt an sie kam.

Kreon

O mir! mir! das gehöret keinem andern

Der Menschen an. Mein ist die Schuld in diesem.

Ich habe dich getötet, ich. Io! ihr Diener!

Führt eilig mich hinweg! führt, Schritt vor Schritt,

Mich, der nun nichts mehr anders ist als niemand.

Chor

Ist Vorteil noch im Unglück, triffst du Vorteil;

Denn kurz ist vor den Füßen großes Übel.

Kreon

O komm! o komm!

Erscheine, meiner Verhängnisse schönstes,

Den endlichen Tag mir bringend,

Den letzten. Komm! o komme,

Daß ich nicht mehr den andern Tag schaun muß!

Bote

Dies kommt. Was aber tun in dem, was da ist?

Denn solches lieget uns ob, das uns angeht.

Kreon

Was ich gesaget, eben, das hab ich gewünschet.

Bote

Du mußt nichts wünschen. Vom zuvorgesetzten

Verhängnis hat kein Sterblicher Befreiung.

Kreon

Führt Schritt vor Schritt den eiteln Mann. Der ich

Dich, Kind, doch gerne nicht, getötet, sie auch, sie;

Ich Armer weiß nicht, wen ich ansehn soll,

Und nicht, wohin ich gehe.

Denn alles Schiefe hat

Hier in den Händen und hier mir auf das Haupt

Ein wüst Schicksal gehäufet.

Chor

Um vieles ist das Denken mehr denn

Glückseligkeit. Man muß, was Himmlischer ist, nicht

Entheiligen. Große Blicke aber,

Große Streiche der hohen Schultern

Vergeltend,

Sie haben im Alter gelehrt, zu denken.